优秀技术工人
百工百法丛书

竺士杰工作法

远控集装箱岸桥操作法

中华全国总工会 组织编写

竺士杰 著

中国工人出版社

技术工人队伍是支撑中国制造、中国创造的重要力量。我国工人阶级和广大劳动群众要大力弘扬劳模精神、劳动精神、工匠精神，适应当今世界科技革命和产业变革的需要，勤学苦练、深入钻研，勇于创新、敢为人先，不断提高技术技能水平，为推动高质量发展、实施制造强国战略、全面建设社会主义现代化国家贡献智慧和力量。

——习近平致首届大国工匠
创新交流大会的贺信

优秀技术工人百工百法丛书

编委会

优秀技术工人百工百法丛书

海员建设卷

编委会

序

党的二十大擘画了全面建设社会主义现代化国家、全面推进中华民族伟大复兴的宏伟蓝图。要把宏伟蓝图变成美好现实，根本上要靠包括工人阶级在内的全体人民的劳动、创造、奉献，高质量发展更离不开一支高素质的技术工人队伍。

党中央高度重视弘扬工匠精神和培养大国工匠。习近平总书记专门致信祝贺首届大国工匠创新交流大会，特别强调“技术工人队伍是支撑中国制造、中国创造的重要力量”，要求工人阶级和广大劳动群众要“适应当今世界科技革命和产业变革的需要，勤学苦练、深入钻研，勇于创新、敢为人先，不断提高技术技能水平”。这些亲切关怀和殷殷厚望，激励鼓舞着亿万职工群众弘扬劳模精神、劳动精神、工匠精神，奋进新征程、建功新时代。

近年来，全国各级工会认真学习贯彻习近平总书记关于工人阶级和工会工作的重要论述，特别是关于产业工人队伍建设改革的重要指示和致首届大国工匠创新交流大会贺信的精神，进一步加大工匠技能人才的培养选树力度，叫响做实大国工匠品牌，不断提高广大职工的技术技能水平。以大国工匠为代表的一大批杰出技术工人，聚焦重大战略、重大工程、重大项目、重点产业，通过生产实践和技术创新活动，总结出先进的技能技法，产生了巨大的经济效益和社会效益。

深化群众性技术创新活动，开展先进操作法总结、命名和推广，是《新时期产业工人队伍建设改革方案》的主要举措。为落实全国总工会党组书记处的指示和要求，中国工人出版社和各全国产业工会、地方工会合作，精心推出“优秀技术工人百工百法丛书”，在全国范围内总结100种以工匠命名的解决生产一线现场问题的先进工作法，同时运用现代信息技术手段，同步生产视频课程、线上题库、工匠专区、元宇宙工匠创新工作室等数字知识产品。这是尊重技术工人首创精神的重要体现，是工会提高职工技能素质和创新能力的有力做法，必将带动各级工会先进操作法总结、命名和推广工作形成热潮。

此次入选“优秀技术工人百工百法丛书”作者群体的工匠人才，都是全国各行各业的杰出技术工人代表。他们总结自己的技能、技法和创新方法，著书立说、宣传推广，能让更多人看到技术工人创造的经济社会价值，带动更多产业工人积极提高自身技术技能水平，更好地助力高质量发展。中小微企业对工匠人才的孵化培育能力要弱于大型企业，对技术技能的渴求更为迫切。优秀技术工人工作法的出版，以及相关数字衍生知识服务产品的推广，将对中小微企业的技术进步与快速发展起到推动作用。

当前，产业转型正日趋加快，广大职工对于技术技能水平提升的需求日益迫切。为职工群众创造更多学习最新技术技能的机会和条件，传播普及高效解决生产一线现场问题的工法、技法和创新方法，充分发挥工匠人才的“传帮带”作用，工会组织责无旁贷。希望各地工会能够总结命名推广更多大国工匠和优秀技术工人的先进工作法，培养更多适应经济结构优化和产业转型升级需求的高技能人才，为加快建设一支知识型、技术型、创新型劳动者大军发挥重要作用。

中华全国总工会兼职副主席、大国工匠

高凤林

作者简介
About The Author

竺士杰

1980 年出生，浙江省海港集团、宁波舟山港集团下属宁波北仑第三集装箱码头有限公司桥吊班大班长，起重装卸机械操作工（港口电动装卸机械司机），“新八级”首席技师。

曾获“全国劳动模范”“全国道德模范”“全国技术能手”“中国质量工匠”“大国工匠”等荣誉和称号，享受国务院政府特殊津贴。

工作 25 年来，竺士杰在操作桥吊过程中创新出一套“稳、准、快”的操作法，以他的名字命名为“竺士杰工作法”。他领衔的创新工作室围绕生产服务，攻关各类课题 30 余项，主持开发全国领先的集装箱岸桥远控 VR 模拟教学平台，获得软件著作权及中国科技创新展览会金奖，为港口智能化装备升级搭建了人才培养的创新平台。竺士杰先后培训桥吊司机达 3000 余人，参与编写《门式起重机司机职业技能等级考核指南（高级）》，多次参与各级技能比武的技术实操方案编写工作，担任中华人民共和国第二届技能大赛起重机应用技术裁判长，为全国交通行业技能竞赛、职工技术技能成长贡献了力量。

工/匠/寄/语

初心如磐

一生一事

匠心筑梦

陈士杰

目　　录
Contents

引　言
Introduction

随着全球经济一体化的不断深入，港口作为国际物流供应链的重要节点，其智慧化发展对于提高港口运营效率、降低运营成本、保障港口安全和保护环境等方面具有重要意义。

集装箱岸桥是港口装卸作业的重要组成部分，其远程化操控是未来几年我国各地区港口智慧化建设的主要趋势。应用视频监控技术，通过采用先进的远程控制技术遥控操作岸桥系统和自动化设备，可以实现对岸桥的远程精确控制，大幅改善集装岸桥司机的工作环境，提高装卸作业效率，减轻操作人员的劳动强度，降低事故发生的风险。本书主要介绍集装箱远控岸桥安全、高效、稳定的操作方法。

作者根据近年来在集装箱远控作业方面积累的经验，详细介绍了集装箱远控岸桥的安全操作方法，包括远控设备的控制系统界面布局、安全操作步骤和要领，以及常见的作业前、作业中、作业后的具体安全操作方法等。同时，还分享了一些实用的技巧和经验，帮助读者们更好地掌握远控岸桥的操作技能。此外，本书还探讨了如何在日常工作中提高生产效率和保持设备的稳定性。

第一讲

远控集装箱岸桥操作方法

一、远控集装箱岸桥概述

自动化港口建设是未来港口发展的必然趋势，远控集装箱岸桥（又称远控桥吊）是集装箱码头用于集装箱船舶装卸作业的专业设备。为正确操作远控集装箱岸桥，提高工作效率，避免事故发生，确保装卸机械设备完好使用，降低故障率，延长设备使用寿命，特制定本操作方法。

二、远控集装箱岸桥操作工位和操作台功能介绍

本操作方法规定了远程自动化集装箱桥吊的技术操作方法和程序，以下对操作台视频显示终端与操作控制台界面功能进行介绍。

（一）远控集装箱岸桥操作工位介绍

操作显示终端屏幕 1~6 号 CCTV 屏幕、GP 操作屏、智能理货显示终端屏如图 1 所示，操作控制台界面如图 2 所示。

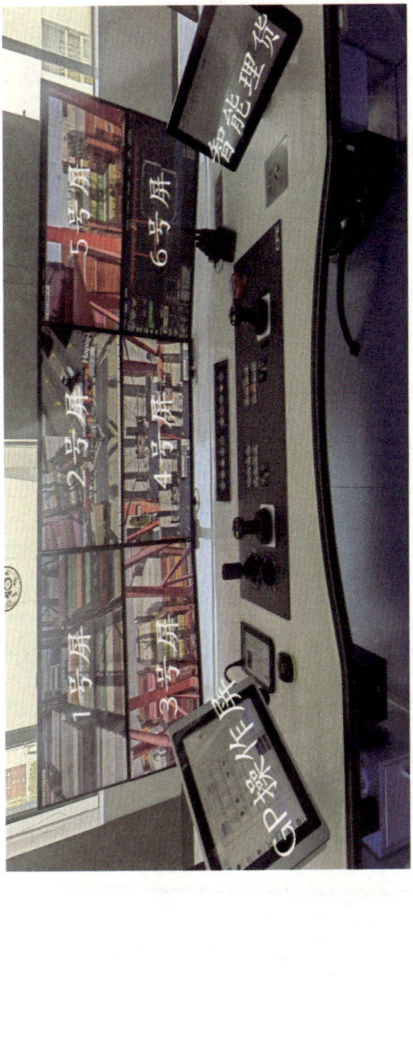

图1　操作显示终端 CCTV 屏幕、GP 操作屏、智能理货显示终端屏

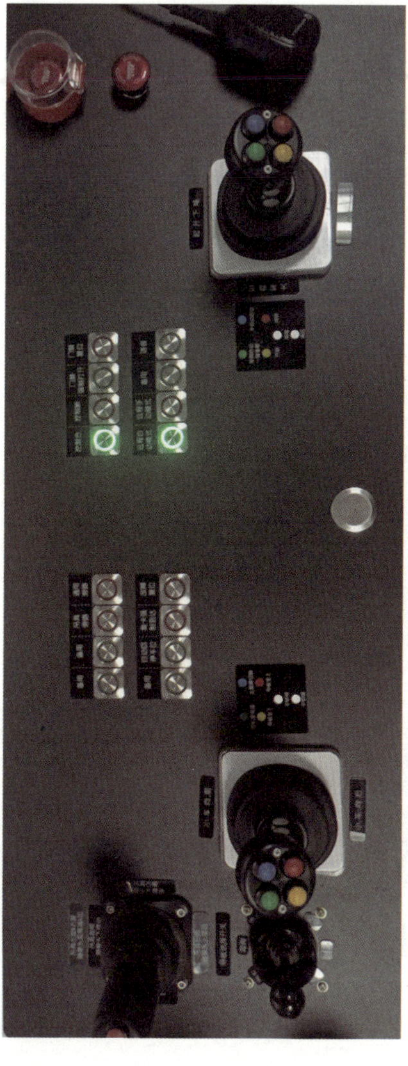

图 2 操作控制台界面

（二）操作台按钮功能介绍

1. 小车主令手柄

小车主令手柄（如图 3 所示）顶部带有绿、蓝、黄、红四个浮点按钮，手柄杆上另有两个灰色浮点按钮，分别可以实现如下功能。

图 3　小车主令手柄

绿色浮点：司机室电笛。

蓝色浮点：主副屏切换。

黄色浮点：导板全下。

红色浮点：导板全上。

灰色浮点（上）：中锁伸。

灰色浮点（下）：中锁缩。

2. 起升大车主令手柄

起升大车主令手柄（如图 4 所示）顶部带有绿、蓝、黄、红四个浮点按钮，手柄杆上另有两个灰色浮点按钮，分别可以实现如下功能。

图 4　起升大车主令手柄

绿色浮点：陆侧启动一键着箱。

蓝色浮点：半自动启动运行。

黄色浮点：开锁。

红色浮点：闭锁。

灰色浮点（上）：自动减摇（按住激活）。

灰色浮点（下）：自动减扭（按住激活）。

3. 操作按键

操作按键（如图 5 所示）分别可以实现如下功能。

吊具旁路：暂时屏蔽桥吊吊具安全联锁。

通用旁路：暂时屏蔽桥吊通用安全联锁。

自动回停车位：启动后吊具升到 28m，小车自动回到通道位置。

集卡强制到达：自动运行时，如集卡对位不准，需要司机确认集卡到位以后选择集卡强制到达，当任务完成后自动取消。

故障复位：复位 PLC 程序中的故障自保。

控制合：司机账号登录设备后，本地桥吊没有控制合的情况下才可以使用控制合。

控制断：断开主控电源。

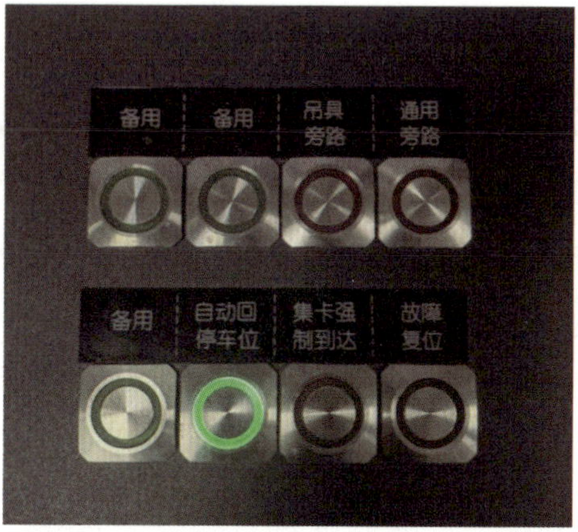
备用
备用
吊具旁路
通用旁路
备用
自动回停车位
集卡强制到达
故障复位

（a）

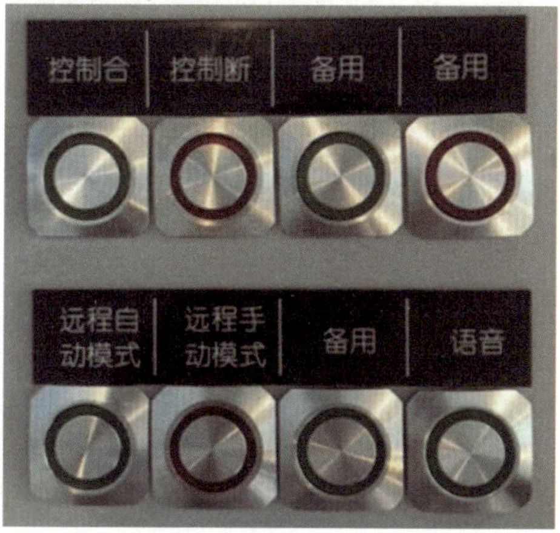
控制合
控制断
备用
备用
远程自动模式
远程手动模式
备用
语音

（b）

图 5　操作按键

远程自动模式：自动操作时，都需要选择远程自动模式。

远程手动模式：取消任务或者手动操作时，选择远程手动模式。

4. 吊具导板选择开关

导板选择开关（如图 6 所示）可通过自由组合，单独控制导板下放。

图 6　导板选择开关

5. 吊具倾转摇杆、摄像头变焦摆动摇杆

在 GP 操作屏上选择小手柄吊具功能时，可以通过摆动手柄控制吊具倾转；在 GP 操作屏上选择小手柄摄像头功能时，可以通过摆动手柄控制摄像头角度，按红色按钮实现变焦调整（如图 7 所示）。

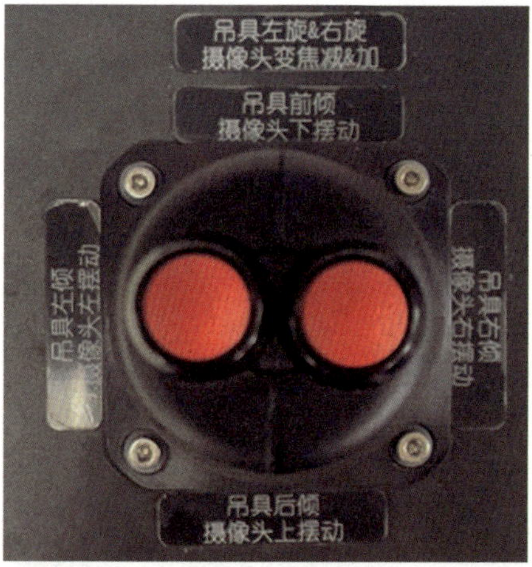

图 7　吊具倾转摇杆、摄像头变焦摆动摇杆

在 GP 操作屏摄像头操作界面的下方找到小手柄功能，根据作业环境的需求操纵手柄，可选择摄像头功能或吊具功能（如图 8 所示）。

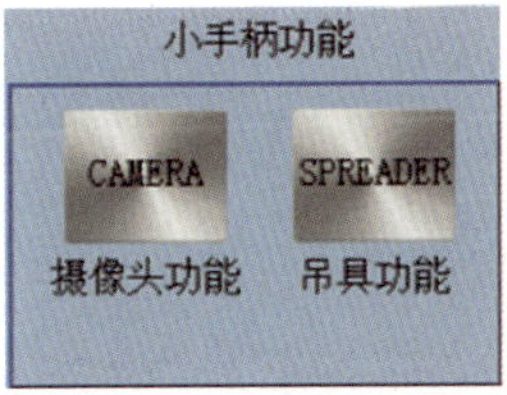

（a）

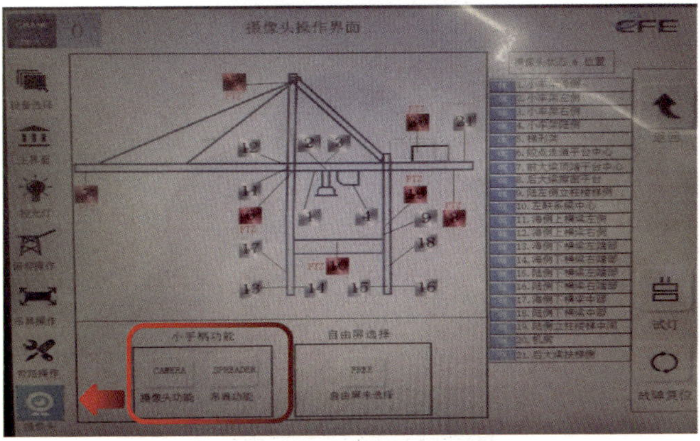

（b）

图 8　GP 操作屏的吊具倾转与摄像头功能切换操作屏按键

6. 机构任务和状态指示灯、吊具开闭锁以及着箱指示灯

机构任务和状态指示灯、吊具开闭锁以及着箱指示灯如图 9 所示。

图9 机构任务和状态指示灯、吊具开闭锁以及着箱指示灯

（三）GP 操作屏按钮操作介绍

1. 设备选择

不同颜色代表设备与操作台的连接状态，其中红色代表已被其他操作台选中、蓝色代表已被本操作台选中、灰色代表未被选中、绿色代表被本地选中（如图 10 所示）。

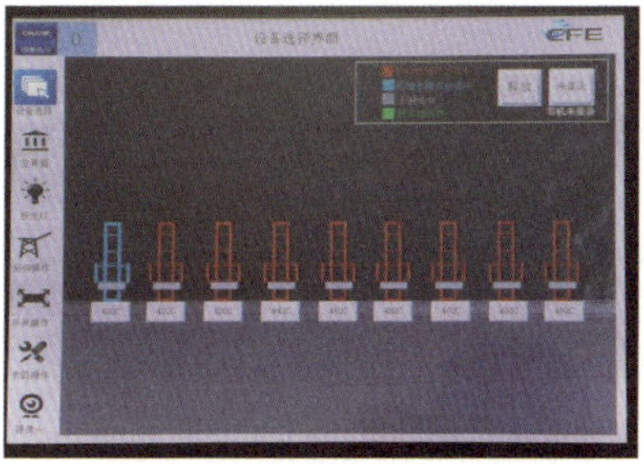

（a）

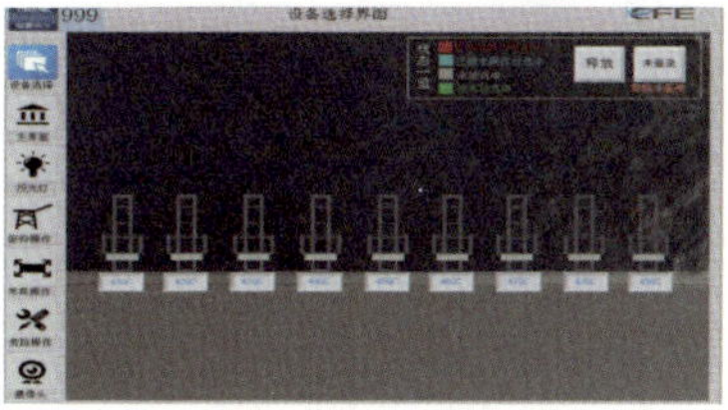

（b）

图 10　GP 操作屏与桥吊设备绑定选择界面

2. 主界面

GP 操作屏主界面（如图 11 所示）。

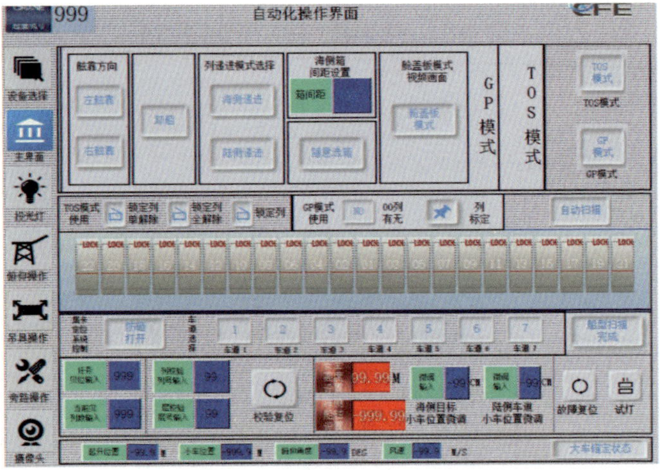

图 11　GP 操作屏主界面

3. 灯光操作界面

点击所需要的投光灯按钮，变成蓝色即被打开（如图 12 所示）。

4. 俯仰操作界面

俯仰操作功能如同机上操作，钩区需要一直按住按钮操作，钩区以外自动运行（如图 13 所

图 12　GP 操作屏灯光操作界面

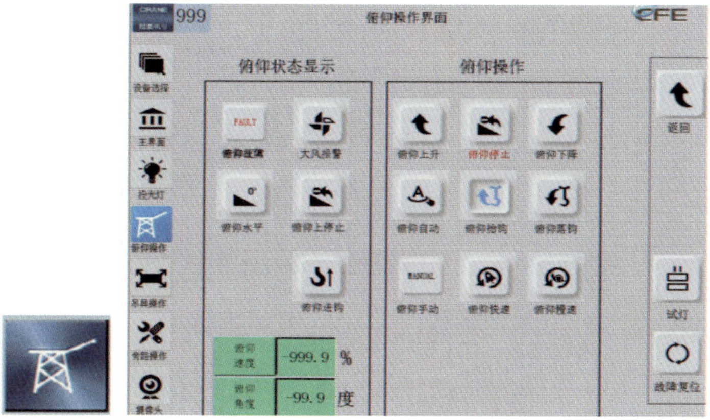

图 13　GP 操作屏俯仰操作界面

示），分别可以实现如下功能。

俯仰上升：悬臂收起。

俯仰停止：悬臂收放过程中停止。

俯仰下降：悬臂向水平方向下放。

俯仰手动自动选择：悬臂俯仰默认手动收放。

俯仰快 / 慢速选择：悬臂俯仰快 / 慢速运行。

俯仰抬钩：俯仰收起至 75° 角区间，按钮操作将俯仰挂钩抬起。

俯仰落钩：俯仰收起至顶点停止，按钮操作将俯仰挂钩放下。

俯仰故障：故障指示灯亮。

大风报警：大风报警显示。

俯仰上停止：俯仰收起至顶部，指示灯亮起，俯仰停止动作。

俯仰挂钩：安全钩挂钩显示位置状态。

5. 吊具操作界面

吊具操作界面（如图 14 所示）分别可以实现如下功能。

吊具泵合断：吊具工作电源开关。

吊具尺寸选择：吊具 20ft、40ft、45ft，吊具单箱状态，吊具双箱状态（蓝色灯亮代表选中相应工作尺寸）。

中锁设定 1：海侧设定中锁位置记忆。

中锁返回 1：返回海侧设定位置。

中锁设定 2：陆侧设定中锁位置记忆。

中锁返回 2：返回陆侧设定位置。

TLS 手动自动选择：选择自动，吊具经过海陆侧鉴别位置时，自动返回记忆位置；选择手动时，不会自动返回。

中锁伸：吊具双箱工作状态下中锁间距分开。

中锁缩：吊具双箱工作状态下中锁间距并拢。

6. 旁路操作界面

旁路操作是暂时屏蔽设备相关安全联锁保护功能，长按操作有效，作业中谨慎使用或在工程部监护下使用（如图 15 所示）。

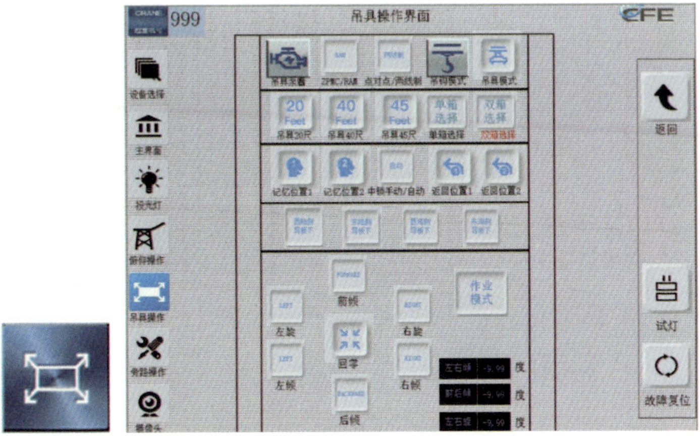

图 14　GP 操作屏吊具操作界面

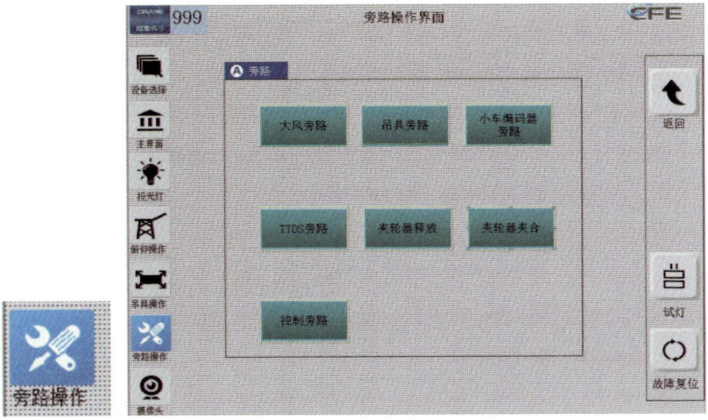

图 15　GP 操作屏旁路操作界面

7. 摄像头操作界面

远控岸桥在不同角度共安装有 21 个摄像头，显示红色 PTZ 标志的摄像头为显示终端屏幕工作的摄像头，其余摄像头要通过摄像头操作界面，点按相应编号，才能在显示终端 3 号自由屏上显示（如图 16 所示）。

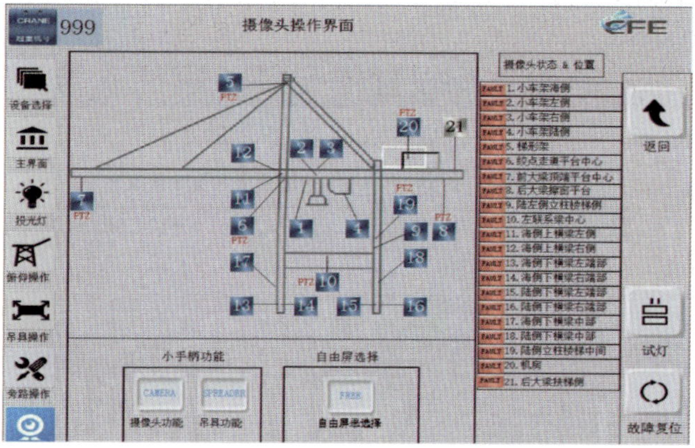

图 16　GP 操作屏摄像头操作界面

（四）远程桥吊操作司机辅助系统功能介绍（6 号屏，以下简称 OAS）

OAS 操作界面（如图 17 所示）分别可以实现

如下功能。

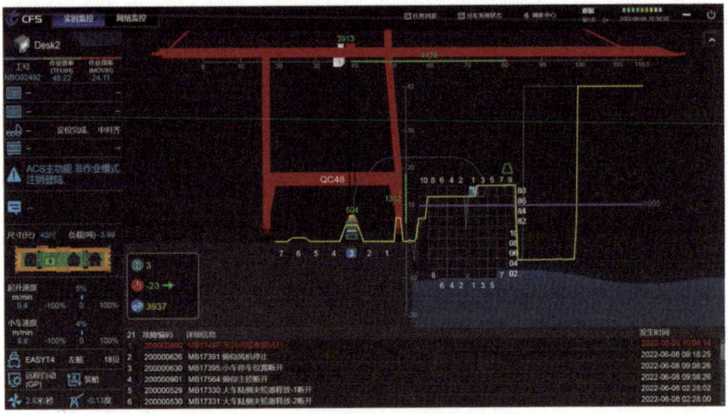

图 17　OAS 操作界面

（1）司机工号、桥吊编号和操作台号、作业箱量、作业效率。

（2）作业任务信息显示：包括箱子在集卡上的位置、任务类型、任务船箱位。

（3）吊具状态：包括吊具尺寸、闭锁、开锁、着箱、双箱信号、吊具负载。

（4）小车位置、起升速度。

（5）作业船航次、舷靠方向、作业贝位。

（6）自动化作业模式（GP/TOS）。

（7）俯仰角度、实时风速。

（8）黄色线为当前贝位的扫描轮廓线。

（9）紫色线为 GP 操作屏设置的安全高度线。

（10）绿色的吊具图标表示本次自动化运行的目标位置。

（11）PLC 报出的实时故障。

三、GP 操作屏模式操作步骤

（1）司机账号登录：首先确认通信状态，见 OAS 操作界面（如图 18 所示），右上角为司机账号通信状态，显示绿色为联通状态。然后输入工号登录，OAS 操作界面和 GP 操作屏上显示出司机已登录的状态。

（2）操作台“绑定设备”：选择要操作的设备且此时 GP 操作屏画面显示此设备编号颜色为灰色（如图 19 所示），然后在设备未有控制台的情况下即可绑定此设备编号，“释放”按钮可解绑设备。

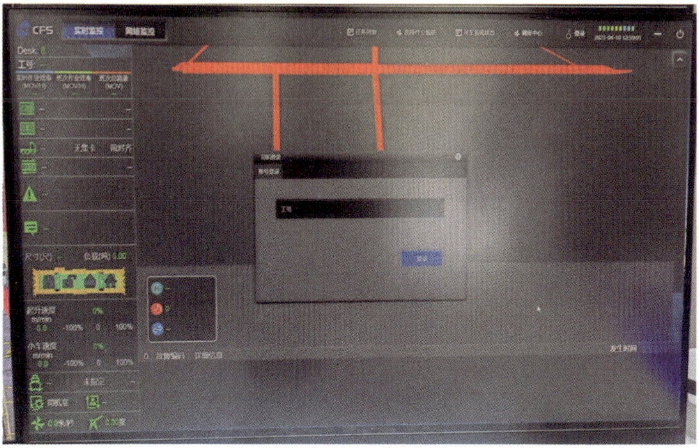

图 18　司机账号登录 OAS 操作界面

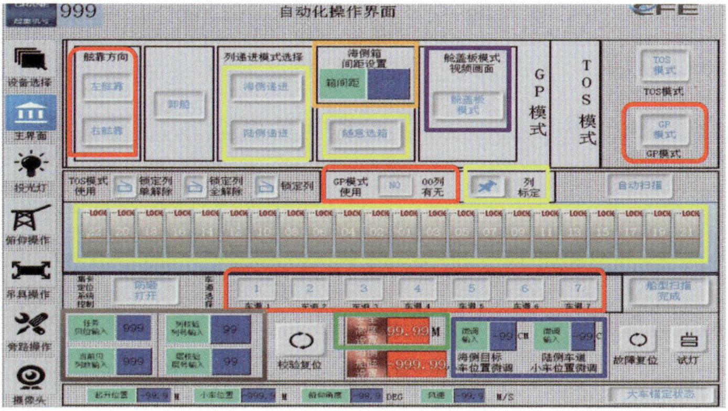

图 19　GP操作屏自动化操作界面

（3）司机按下操作台的控制合，GP 操作屏右上角选择 GP 模式，确认舷靠方向以及要作业的方式、有无 00 列选择，手动将大车开往作业贝位，然后在 GP 操作屏上输入贝号，选择作业车道号（如图 19 中红色框所示）。

（4）按下“自动扫描”按钮，进行船型扫描，等待小车自动运行完成，到达海侧目标位 110 米处（其间需观察 OAS 的扫描轮廓线是否符合现场情况）。如果选择的是卸船任务，吊具会自动回到上个船设定的任意列的位置标定，装船任务自动扫描结束后吊具回到作业车道。

（5）司机可事先在 GP 操作屏安全高度设置区域设置需要的安全高度，也可以根据后续作业环境变化，在满足安全作业的前提下手动修改高度（如图 19 中绿色框所示）。安全高度底线保护高度设定极限为 10m。

（6）选择海侧递进或陆侧递进作业方式，做第一箱时，如果位置有偏差，需要手动调整小车位置到目标位，此时点击“随意选箱”按钮，选择此箱所在的序列并点标定按钮进行位置标定（如图 19 中黄色框所示）。

（7）如果因船上箱子间距而导致吊具定位误差，可手动设定箱间距进行调整（如图 19 中橙色框所示）。舱面舱内作业导致列位置不准时，可通过海侧目标小车位置微调进行设置（数值正数代表前，负数代表后）；码头车道吊具位置不准时，可通过陆侧车道小车位置微调进行设置（数值正数代表前，负数代表后），如图 19 中蓝色框所示。

（8）超大型船舶作业，吊装舱盖板时，由于舱板超宽超出摄像头正常视角，司机观察不到舱板两侧导向槽及导向柱，可在 GP 操作屏上选择舱盖板模式视屏画面，此时会将小车架左右侧及海侧摄像头设定为广角画面（如图 19 中紫色框所示）。

（9）司机操作吊具第一吊着箱后，在 GP 操作屏上手动输入着箱位列校验列号、层校验层号（如图 19 中棕色框所示），完成第一吊位置标定，船图精准标定操作完成与桥吊扫描系统获得的船图实际列位吻合，电子船图显示就能在 OAS 画面中与实际船舶作业的位置相对应，从而实现吊装集装箱位置准确。

（10）远控操作注意事项。一是自动操作进行时，作业司机可以随时进行手动干预，只要动一下任何一个主令手柄，系统都会立即转化为手动操作。但在自动化运行良好的情况下，建议尽量不要转化成手动操作，除非是紧急情况（如自动化运行撞箱，船况扫描线产生钩行线或船上突然有干扰）。如需要自动操作时，必须按“半自动启动”按钮；装卸舱盖只能手动操作。二是自动运行时，为了确保安全，现场人员不能在桥吊关路下逗留。三是作业中，如果船舶在水平岸线方向漂移，需司机点动手柄行走大车来进行微调（桥吊大车机构尚未实现自动操作）。若船舶上下浮动或垂直岸线漂移，自动化系统会根据扫描数据进行自动调整。

第二讲

远控集装箱岸桥操作手动稳关操作方法

一、远控集装箱岸桥操作手动稳关操作方法概述

隔着屏幕远距离进行远控集装箱岸桥的稳关操作，因为司机的操作视角和在桥吊上的操作视角不同，远控操作依托摄像头视频显示，涉及视频传输解码的延时达200~300ms，操控台上的操作手柄的阻尼感也大为不同，给操作司机作业造成设备延时的迟滞感。避免多次加速点动稳关导致延时叠加，造成稳关迟滞感加剧，稳关时，小车移动速度、启动时机不匹配，最终导致对位准确率下降。

若要克服远控操作稳关迟滞感，建议合理利用吊具移动中呈现的钟摆运动的规律，采用减速稳关的操作方法。吊具回摆的速度与小车减速速度吻合匹配，稳关过程中尽量延长小车减速的回挡时长，让小车保持持续减速速度运行，直至出现垂直状态。通过利用钟摆回摆的物理规律，采用减速匹配吊具回摆至垂直点，在减速过程中必须精确把握减挡操作的速度匹配时机，从而实现精确稳关定位。具体操作要领：一是吊具起升高度高，小车平台与

吊具之间的距离近则钢丝绳短，小车挡位高速度运行，吊具呈现钟摆运动，吊具回摆向垂直点的速度相对快且幅度小，回挡减速的时间需要相应地缩短；二是吊具起升高度低，吊具呈现钟摆运动，吊具回摆向垂直点的速度相对慢且幅度大，回挡减速的时间需要相应地增加。然而，小车长距离不同速度运行时，根据起步行走的速度差异、起升高度不同、吊具与小车平台之间钢丝绳长度不同、所吊的货物的重量不同，吊具呈现出的钟摆的速度和幅度都有相应的区别。因此，在稳关过程中，小车平台的减速操作和加速操作必须有相应的速度匹配，才能达到稳、准、快的操作效果。

二、长距离行走的操作过程

（1）长距离行走，采用减速稳钩的方法。在作业中，桥吊小车在行走过程中形成自然钟摆现象，在稳定摆角的同时，实现桥吊小车位移。当摆角出现回摆时，桥吊小车开始进行匹配减速稳钩，同时实现吊具的移动对位（如图 20 所示）。

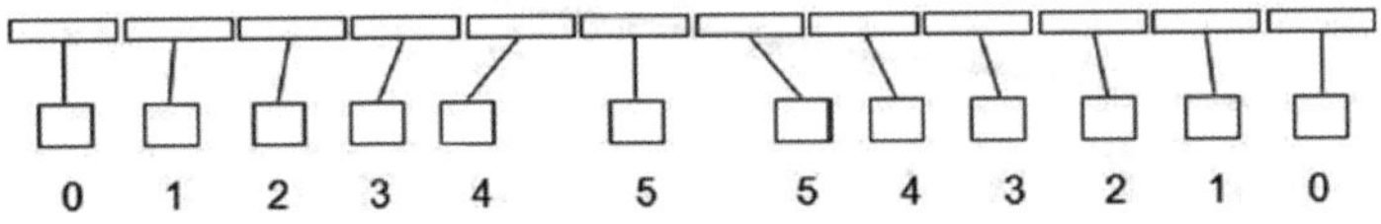

图 20 钟摆原理减速稳钩示意

（2）当实际行走距离比当前选择挡位行走所出现的摆角而产生的位移距离长时，必须根据实际需要，选择下一个摆角循环所需要的挡位行走。如图 21 所示，在第一个摆角到达减速 3 挡的位置时，不再继续匹配减速，而是继续推 3 挡行走，从而出现了 3 挡行走的摆角，使桥吊小车平台移动速度从高速过渡到低速，从高挡的大摆角过渡到低挡的小摆角，做减速稳钩。将大摆角与小摆角叠加，从高速

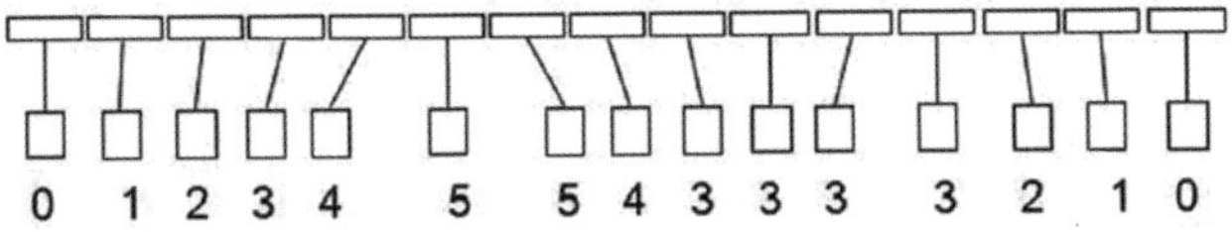

图 21 长距离行走时，钟摆叠加减速稳钩示意

过渡到低速，并走完实际需要走的距离，同时实现稳钩的目的。

（3）当远控操作行走小车视线范围受到摄像头的局限，需要长距离的行走时，采取小车与吊具同步行进减速稳钩的操作方法最为合理（如图 22 所示）。

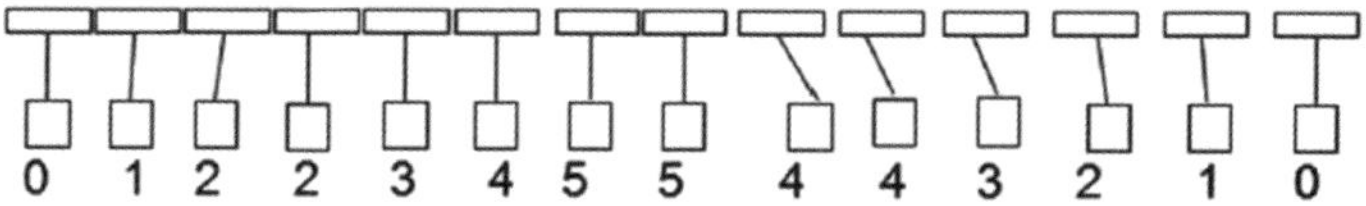

图 22　钟摆原理同步行进减速稳钩示意

桥吊小车运行机构先推 2 挡起步，吊具就会跟随加速。当吊具的移动速度即将达到 2 挡时，将桥吊小车首先推至 3 挡，其次推至 4 挡，最后逐步加速到 5 挡。

由于加速平稳，桥吊小车与吊具在 5 挡速度下，基本保持垂直同步行走状态。需要稳钩对位时，桥吊小车减至 4 挡后，吊具就会被抛出去。当抛到顶点后，吊具会回摆向垂直点，然后可以根据吊具回向垂直点的速度进行配合减速，从 4 挡到 3 挡、2 挡、1 挡，直至垂直点，回归 0 挡。

吊具相对桥吊小车完全垂直时，将桥吊小车停止移动来实现稳钩。钢丝吊装大件以及桥吊大车长距离行走时的稳钩操作亦可采用此方法，具体挡位速度应根据实际情况选择较低挡位操作。

三、中长距离行走的操作过程

中长距离行走的操作过程通常有以下两种方法：一是可以参照长距离行走时，5 挡的推挡步骤进行操作。根据不同的移动距离来选择做 4 挡或 3 挡的循环。二是可采用加速稳钩与减速稳钩相结合的操作方法。具体操作步骤：选择 4 挡起步后，回挡至 3 挡，在吊具高速经过垂直点的瞬间，将挡位推至 4 挡，使桥吊小车与吊具保持同步行走的状态，在到达目标位前，采用减速稳钩的方法完成稳钩与对位操作（如图 23 所示）。

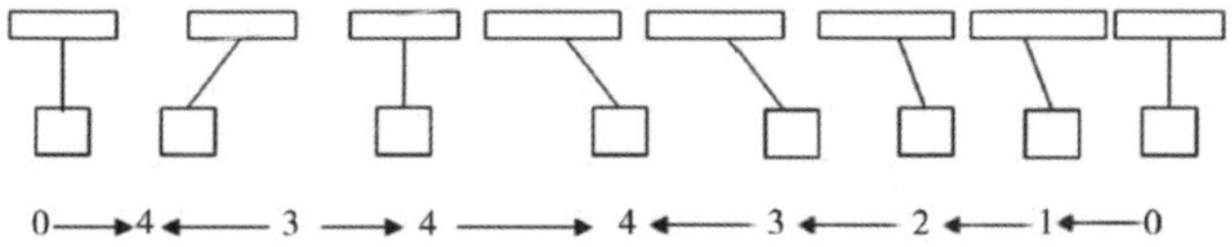

图 23　中长距离行走时，加速与减速相结合的稳钩示意

四、短距离行走的操作过程

短距离行走使用加速与减速相结合的稳钩方法，可以选择推 2 挡减 1 挡，等吊具抛出去后再推 2 挡追上，减 1 挡保持垂直后回 0 挡。2 挡以内的桥吊小车不会出现延时制动行走的状态，可以精确控制桥吊小车的行走速度（如图 24 所示）。

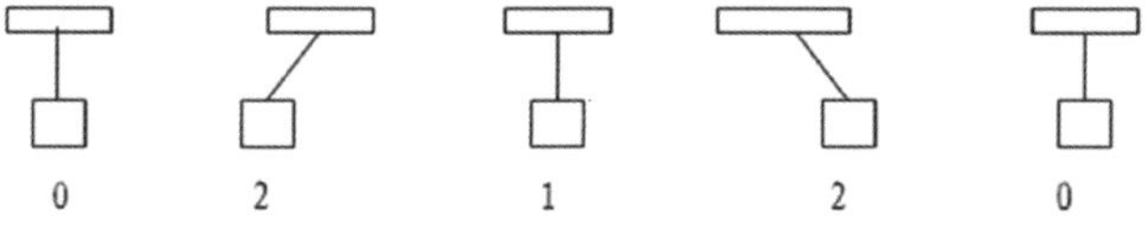

图 24　短距离行走时，加速与减速相结合的稳钩示意

五、桥吊小车运行机构静止不动时的操作过程

当桥吊小车运行机构静止不动时，吊具会出现

钟摆式运动，此时可采用加速稳钩方法，即当吊具出现 2 挡行走速度的摆角时的稳钩方法（如图 25 所示）。

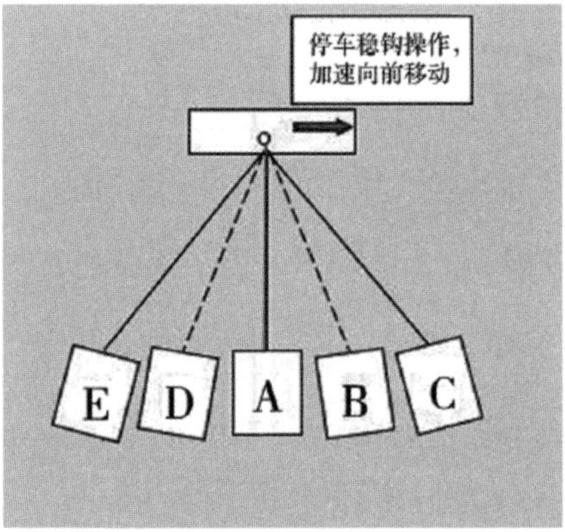

图 25　钟摆原理加速稳钩示意

在这样的状态下进行稳钩的方法：当吊具摆动到 C 位时，将桥吊小车运行机构加速位移到 C 点，同时将桥吊小车停止运行来实现稳钩。在实际操作中，由于桥吊小车从 0 挡提速到 2 挡，有个加速过程，所以做稳钩操作时，当吊具摆动到 B 点，桥吊小车就应该起步追赶吊具，这样才能在吊具到达 C

点前，使桥吊小车能追赶上吊具，到达 C 点时能及时制动。由于桥吊小车处于 2 挡行走状态，所以不会有制动延时行走的状况，这样桥吊小车就能及时停止运行，与吊具保持垂直，从而实现稳钩。

第三讲

远控集装箱岸桥操作作业安全注意事项

一、作业前

（1）工班长、副工班长组织好工前5分钟准备，远控司机根据工作安排各自做好工前准备，严格按照远控交接班规定，做好交接或开工前的各项规定工作。

（2）远控巡机司机上码头必须戴好安全帽，穿好带有反光条的工作服，并且随身佩戴好工作证和登轮证。

（3）远控作业司机进入远控操作室后，按灯测试确认各指示灯是否正常，以及桥吊各操作控制按钮是否正常。

（4）远控司机作业前要对显示屏摄像头（以下简称CCTV）显示画面是否清晰、动态下视频是否卡顿、画面有无切换不正常等现象进行检查。

（5）远控司机作业前试运行桥吊，利用桥吊CCTV确认小车、大车、吊具起升工作正常，各减速、停止限位工作正常，确认桥吊设备可安全作业。

（6）开工前巡机司机上码头，巡机司机对责任桥吊进行巡机检查。吊具、铁鞋、防风拉杆锚定销等状况需一一确认。

（7）远控司机开工作业前，必须确认指挥手到位监护，保证通信设备完好，与指挥手沟通确认作业环境。

（8）作业前，绑定作业桥吊号时，必须确认桥吊是否处在维修状态、司机室的主控电源是否关闭以及司机室是否有人。

（9）远控集装箱岸桥安全高度默认设置 25m。如果船型高度超过 25m，作业前需根据船型高度合理设定安全高度。

（10）42m 桥吊远控自动化模式下，起升高度达到 41m 则无法自动化运行，需手动操作。

（11）开工作业前，如有维修人员在机上，一定要联系到主修人，否则不允许动机。

二、作业中

（一）通用操作要求

（1）“两头慢”定义：日常操作所有涉及安全确认的节点，都需要做好慢速或停顿的安全确认工作。具体指在起吊集装箱、舱盖板、特种箱型等所有涉及起吊引关作业过程中操作起吊 30cm 内必须做到停顿确认，在重载吊集装箱或空载吊具进入舱口和夹槽口时必须做到停顿确认安全操作。此外，在空载引关起吊、着箱、落锁就位、出舱口、出夹槽口、靠箱、嵌箱等需要发生被吊物体或吊具与目标物体产生接触或者分离的重要的安全吊装节点，都必须做好慢速引关或就位、确认安全的操作动作。

（2）机械运行中发生异常情况，应立即停机，报告桥吊班长故障内容。由工程部查明原因，抢修处理故障。待工程部确认设备可安全作业，司机报告桥吊班长后，方可作业。如工程部抢修后，只排除了安全隐患，未能完全修复故障，则需报班长，做好故障修复跟进记录。

（3）坚持“六不吊”：没有指挥手或指挥信号不明不吊，关不正、不牢不吊（带箱、个别锁未开到位），超负荷不吊，关下有人不吊，视线不清不吊，情况不明不吊。涉及具体的设备情况包括：开、闭锁故障不吊，小车投光灯 3 盏或整机 50% 灯光不亮不吊，吊具电缆力矩不够与起升不同步不吊，起升跳电一小时内连续三次不吊，吊具倾斜角度大于 3° 且不能调整不吊，风速超过 22m/s 不吊。

（4）作业中，司机一律不可使用各种限位进行停车操作。

（5）遇台风或季节性大风后，必须经工程部检查确认后再进行恒速试车。

（6）远控操作中，司机严禁在对讲机中闲谈，做与工作无关的事（如打电话、玩手机、戴耳塞听音乐）。

（7）作业中，观察 CCTV 显示的清晰度，出现模糊油污的情况，第一时间报工程部进行处理。

（二）具体操作要求

（1）作业过程中，桥吊司机必须关注并清楚指挥手的站位及监护情况，及时纠正指挥手不正确站位；如发现指挥手不在作业可视位或无法联系，立即停止操作，向有关人员汇报。

（2）作业时，要时刻确认高频畅通，提醒指挥手重载引关起吊时要做到一吊一指挥。

（3）箱顶开锁时，桥吊司机需确认捆扎工是否正确使用防坠器或保险带，如发现使用不规范，督促其规范使用。

（4）舱面作业时，如有锁头滑落，第一层必须让开关路，待装卸工重新上锁，二层以上严禁装卸工在船上拆装锁头，在码头指挥手监护下，在码头面重新上锁后再装箱。

（5）装船海陆侧第一、二列集装箱时，在指挥手的指令下进行装卸作业，必须严格执行“两头慢”操作规定。舱面装、卸船作业海侧第一、二列必须实行逐层装、卸箱作业，舱面里、外挡二位置不准嵌挡作业。

（6）舱面作业中，如遇作业贝位关路下，里挡一、二、三单列超过三层以上箱子，必须降层至三层以下且低于二侧排架高度。其余根据生产实际需降层作业，必须向控制中心提出申请。装船作业舱面单列装，最高不能超过三层。

（7）重载在海侧横梁上方或码头上舱板上方等关，严禁在车道上和陆侧横梁上方等关。空载在车道上等关不得低于 10m。重载时，小车不得回通道进行交接班工作。

（8）舱内安全作业要领：吊具进出夹槽口做好“两头慢”，必须督促指挥手检查确认夹槽周围物体和夹槽是否破损，确认夹槽完好情况。每一列的第一吊或夹槽破损或船体倾斜时的吊、装作业，吊具在槽导轨内运行都不可全速起升和下降，必须做到慢速试探性操作。双箱装船被吊箱体部分进入夹槽内，吊具未完全进入夹槽时，必须分开中锁至箱子两端贴合夹槽壁。吊装集装箱在夹槽内运行必须时刻关注箱体在夹槽内的平衡姿态，适时调整吊具平衡，避免卡槽事故发生。

（9）特种箱作业时，凡遇到冷冻箱、液罐箱、危险品箱、框架箱等，必须做到引关停顿，慢速就位确认。作业时轻放，同时做到稳、准，不准嵌挡作业。通过安全部门专业培训的司机才可以参与危险品箱作业。

（10）引关确认安全操作要领。一是观察箱与箱之间是否为正常间距，钢丝绳与箱顶平面是否处于垂直状态。二是通过观察CCTV上吨位显示数据，确认被吊货物重量是否正常，准确快速判断有无钩带。三是引关起吊 30cm 内观察吊具和被吊箱子的运行姿态，观察与邻箱的平行度及倾斜角度是否处在合理范围内，确认安全。四是引关起吊 30cm 内停顿，点动小车，观察吊起的箱子随小车移动方向自由摆动，无钩带现象。五是码头面集卡上装卸工拆、装锁销期间，切不可盲目起吊或下放，重复吊装集装箱。

（11）避免单吊双“包饺子”事故操作要领。一是舱内卸船作业实行逐层卸船作业，严禁单列垂直下挖操作，人为制造盲位的作业环境。二是舱内单、双箱混装的情况，必须卸完所有的40ft集装箱后，才能进行双20ft集装箱卸船作业。三是边装边卸作业，严禁同时一装一卸不同箱型（如卸40ft、装20ft双吊装）。当作业贝位最后几吊装船，单、双箱混装作业区间，司机要随时与指挥手、理货保持联系，起吊前确认起吊箱子的箱型，避免单吊双“包饺子”事故。四是20ft销子箱或双箱码头摆放，必须分开30cm以上摆放。

（12）远控集装箱岸桥吊大件、超限箱必须切换手动操作模式，起升要平稳、慢速，垂直引关起吊后向指挥手确认起升高度，当大件或超限箱上升到可以通过横梁的高度并确保可以越过关路制高点时，小车才可慢速平稳移动，采用同步行进减速稳关操作，不得进行联动或抛物线作业。下降过程中必须做到稳关慢速线性控制下降速度，不可频繁点动下降操作（避免产生顿挫力）。

（13）由于工况需求，需拆除相邻两台桥吊大车防撞限位时，统一听从控制中心指令，现场控制员必须到现场签名确认。在拆除、恢复及拆除中这三种状况作业时，当班司机和工班长必须做好跟踪关注，交接班时必须交接清楚大车拆除或恢复的情况。

（14）装卸船作业时，为确保作业安全、有序进行，舱盖板、集装箱销子箱装卸及码头面摆放严格按规定执行。

（15）起吊舱盖板，必须使用 20ft 吊点。在舱盖板没有 20ft 吊点的情况下，才可使用 40ft 吊点起吊舱板。

（16）吊具带人上、下船。一是远控集装箱岸桥吊具带人前，必须切换成手动操作模式。二是小车起升速度最高不能超过 50% 速度。三是提醒装卸工系好安全带并注意安全。四是起吊进行引关 30cm 内停顿动作，运行禁止抛物线操作，注意关路及层高。五是要做到起升平稳，下降轻放（吊具旋锁不能接触箱顶）或吊具靠住船甲板上装载的集装箱侧面，上、下捆扎工。临边作业里、外挡一箱顶严禁上、下捆扎工。

（17）装、卸船开工作业前，远控集装箱岸桥司机必须智能理货，在电脑上查看装、卸船面图，对相关作业贝位、列数、箱积载位置进行确认，便于作业前在远控 GP 操作屏幕上输入准确的作业信息。

（18）吊装集卡上集装箱时，遇有集装箱的锁销难装或难拆时，必须听从地面人员指挥，不可盲目动作。

（19）当吊具发生碰撞后，吊具必须移至码头面安全位置试车，检查吊具是否完好，防止高空坠物。

（20）如碰到集卡拖吊具现象，司机应鸣号警示并做到不盲目动作，同时高频通知地面指挥，制止集卡继续行进。

（21）海、陆侧有舱壁的作业环境，集装箱起吊前，必须提前点动小车做好避让，防止舱壁的凹凸部位与集装箱或吊具碰撞、钩绊。

（22）作业中更换吊具，必须切断吊具控制电源，切换至吊钩挡。听从工程部修理人员指挥，慢速将吊具上架与吊具分离。平稳、准确地将上架移动至更换的吊具上方，完成吊具上架与吊具连接互锁。待工程部连接好吊具电源后，听从指挥，切换至吊具挡，合上吊具控制电源。慢速引关起吊确认安全后，将吊具起升离地 10m 以上，听从工程部修理人员指挥，操作吊具导板、伸缩、双箱切换等功能进行试运行，确认完好后方可作业。

（23）收放导板规定。一是当吊具离箱顶或箱子离集卡平板 2m 以上，方能收放导板。二是禁止在船上收放导板，特殊情况必须注意观察相邻两贝位之间的集装箱间距及吊具与船上设施的间距。

（24）老鹰锁作业操作规定。一是集装箱安装老鹰锁，引关起吊临边里、外挡一，司机必须督促指挥手落实逐层开锁卸箱操作。二是集装箱安装老鹰锁双吊舱面卸船，必须引关起吊 20cm 内停顿，移动中锁确认锁销脱钩。三是双箱太重，集装箱安装老鹰锁脱离箱孔脱不开，切不可盲目起吊，条件允许可以采用单箱卸船，单箱卸船老鹰锁一侧倾转适度调低，便于脱钩，避免钩带。四是集装箱安装老鹰锁起吊过程中，必须了解被吊箱的重量，起吊过程中务必观察吨位显示数据。如出现异常吨位或超重，立即停止起升，并下降释放受力载荷，通知指挥手查看情况。

（25）作业中如遇有克令吊船舶，在克令吊相邻贝位作业必须手动操作，行进过程时刻关注船舶移动情况，禁止自动运行小车，防止小车运行过程中船舶移动吊具撞上克令吊。

三、作业后

（1）远控作业完毕，吊具上升至 28m，并缩到 20ft 小车到通道位置。

（2）远控作业完毕，督促指挥手协助塞好铁鞋，司机通过视频检查确认铁鞋到位情况。

（3）大车回锚定，司机必须先收起悬臂后再行走大车回锚定位置。大车行走到锚定位置后，确认夹轨器、夹轮器、顶轨器动作，放下锚定板，塞好铁鞋（指挥手协助巡查司机做好检查确认），切断主控电源。

（4）作业完毕交接班之前，桥吊必须切断电源，操作台远控程序必须处于释放状态。

（5）严格执行交接班制度，做好远控操作室清洁卫生工作。

第四讲

远控集装箱岸桥操作单项重点安全作业操作方法

一、双箱吊具作业

（1）使用双箱吊具功能时，必须把吊具起升至摄像头最佳可视位置，吊具在单箱与双箱变换过程中禁止其他动作，司机目测确认陆侧两个中锁释放到位，然后询问指挥手确认中锁释放到位，完全确认吊具 8 个锁头下方到位并处于双箱吊具作业模式方可进行作业。

（2）使用单箱或双箱必须根据当前作业情况，是进行 40ft 作业或是进行两只 20ft 作业，禁止产生 40ft 吊具（没有放下中锁）起吊两只 20ft 集装箱或处于双箱状态起吊 40ft 集装箱，避免重大机损、箱损事故的发生。

（3）指挥手须确认当前作业情况，确认吊具中锁是否下放到位。发出准确指令，避免司机判断错误造成单吊误吊双箱的事故。指挥手必须根据作业情况提前通知司机进行吊具单、双箱功能切换。

（4）在舱面进行双箱作业，司机必须起吊慢速，做到引关停顿动作，指挥手必须确认双箱 8 个锁头解锁到位情况，确认引关起吊时锁头脱开情况，发现钩箱及时叫停。

（5）使用双箱吊具作业模式或单箱吊具作业模式，司机除了确认（操作台）开闭锁、着箱指示灯情况，应再确认吊具与箱体接触面是否有异常情况。起升要慢速，确认吊具完全离开箱体才可加速。

（6）双箱装船被吊箱体部分进入夹槽内，吊具未完全进入夹槽时，司机需分开吊具中锁至箱子两端夹槽壁贴合后，持续下降直至着箱落锁。

（7）远控作业程序启动前，桥吊吊具状态必须切换到单箱作业模式。远控程序启动无法自动识别吊具双箱模式，会引起吊具信号丢失故障，无法启动远控程序。

二、行走大车

（1）船舶靠离泊让机期间，远控集装箱岸桥司机按照工班长的指令，做好让机工作。巡机司机上码头监护桥吊大车长距离行走，行走前必须确认楼梯口的修理牌有无悬挂，确认修理情况。

（2）装卸船作业前行走大车，远控司机通知码头指挥手监护大车，得到码头指挥手确认回复，方可行走大车。通过 CCTV 屏幕显示，全方位观察地面状况和机械与船上设施是否会碰擦，随时注意大车行走电缆卷筒工作是否正常。发现异常及时停止行走，确认安全。相邻两台桥吊大车在接近位置作业时，如需移动大车，必须由码头指挥手监护，并控制行走速度，严禁 2 挡以上速度行走。

（3）桥吊通过船舶制高点时，远控集装箱岸桥司机要在 CCTV 屏幕显示中确认悬臂高度与船舶生活舱、船头桅杆灯塔等制高点的高度。不能通过或不能确定高度，则需收起悬臂。可以通过时，通过前通知码头指挥手及船上指挥手，待码头指挥手、船上指挥手监护到位，得到码头指挥手回复，方可行走大车。

（4）远控集装箱岸桥配合修理下，需行走大车。

提前一小时通知主修人需行走大车，行走大车时，要求修理人员在大车行走时做好设备安全的监护工作。同时，做好大车行走的各项安全监护工作。

三、收、放悬臂

（1）远控集装箱岸桥收、放悬臂前，远控司机必须通过高频、高音喇叭通知码头作业人员注意安全，确认操作显示屏上的指示灯工作完好。利用CCTV 中实时画面显示，观察桥吊上及周围环境，跟踪确认俯仰钢丝绳卷绕、悬臂受力拉杆入槽、悬臂挂钩工作等情况，确保安全操作。

（2）远控集装箱岸桥开工前，必须在大型船舶靠泊系紧所有缆绳后，才能放悬臂。大型船舶制高点两侧桥吊务必确认船舶完全停稳后，才可放下悬臂，其余桥吊必须先行走大车至作业位置后，再放悬臂。

（3）收悬臂前先进行吊具纵横倾归零操作，然后确认悬臂上有无人员或杂物。远控集装箱岸桥作业结束后，原则先收悬臂再回锚定位置。当涉及安全生产时，可以先移大车后收悬臂，但必须指定监护人进行移大车过程监护。

（4）在大风天气（13.8m/s 以上风速）的情况下收悬臂，司机必须查看 CCTV 实时画面显示，观察悬臂吊杆与槽的啮合情况，如发现异常，拍警停停止收起悬臂。下放悬臂复位后，重新啮合悬臂吊杆，再次收起悬臂，如有异常及时报修。

（5）收、放悬臂后，必须查看 CCTV 实时画面显示情况，确认悬臂挂钩情况或悬臂水平情况，同时确认相应指示灯是否正常，确认安全关闭主控电源。检查确认机房卷筒钢丝绳正常排列。

（6）禁止吊具带箱或在船舶生活舱上空收放悬臂操作。

（7）收起悬臂后，司机可用前后大梁 CCTV 实时画面显示情况，确认小车通道是否因收悬臂引起错位现象，如果错位必须报修，应当班修复，不可将故障遗留至下一班。

四、配合修理

（1）远程控制配合修理时，司机需要通过CCTV实时显示画面确认上机楼梯口修理牌悬挂情况。如发现悬挂修理牌，远控司机应第一时间与修理人员联系，不得擅自动机，如收到修理人员动机指令，需要广播呼叫和高频口令复述同时进行确认。

（2）桥吊维修前，远控司机必须与主修负责人沟通修理项目和修理注意事项，收到主修人员的签名修理单后才可配合修理。修理过程中，使用高频作为司机与主修人之间的唯一沟通设备，配合动机操作时，司机必须回复维修人员的动机口令，得到确认才可操作。无高频联系确认动机指令，司机务必拒绝配合动机操作。

（3）配合修理遇到机、电二组同时维修时，必须确认一名总监护人作为主修人。一切动机指令，远控司机只听从主修人指令，如任何人发出停止指令，远控司机必须停机确认。

（4）远程控制配合修理时，每一次配合动机操作，结束应及时切断主控电源。如必须进行合主控维修时，司机根据主修人指令操作动机后，双手离开操作手柄，避免误操作造成事故。配合修理的司机在配合过程中必须同时密切关注修理人员站位及动向，对存在的不安全因素应立即劝止，如果有人发出停止信号，应立即停止。

（5）维修结束，司机须通过高频向主修人确认修理结束，维修人员全部离开设备。动机前必须通过机上扩音器呼叫三次，再启动桥吊电源。

（6）远控作业过程中遇到抢修需配合时，必须由自动模式切换到手动操作模式。

五、桥吊班开工交接班规定

（1）班车到港后，远控司机应马上到桥吊班候工室，更换工作服及拿取劳动保护用品，到桥吊候工室等待派工。

（2）工班长（副工班长）主持工前5分钟，组织安全学习及根据当班派工单的指令分派工作任务，对船舶作业环境、规章制度、桥吊工况等做好安全提醒，所有当班远控巡机司机必须在会后同交接班司机一起乘坐交接车辆上码头巡查交接班工作及码头上各项安全工作。

（3）远控巡机司机根据各自工作任务，乘坐码头交接班车到码头指定桥吊下。根据当班排班情况，落实好巡查的责任。监护桥吊吊具下放，巡查吊具、锚定销、铁鞋、防风拉杆等设施状况。

（4）远控集装箱岸桥交接班，司机面对面地对作业环境、设备工况、船舶作业环境、作业中涉及安全及远控作业注意事项等进行交接。

（5）交班远控司机在接班远控巡机司机未到桥吊下监护时，不得擅自停止作业。如有特殊情况需请示班长。

（6）交班远控司机交班前，根据作业情况，在巡机司机的监护下，选择安全的位置，将吊具切换至 20ft，把吊具下放至离地面 30cm 处停顿或根据实际情况放至地面检查。

（7）远控巡查司机交接班时，发现设备有异常情况，如有碰撞的痕迹、异响、异味、漏油等，第一时间向远控司机报告，如需修理同时向桥吊班长报告。

（8）交班时遇到换机作业的交班司机应根据值班长、控制员的指令，听从工班长安排，做好移机换位工作。

（9）如出现远控转现场本地上机操作交接时，在工班长的协调下，远控司机要把当班设备运行情况、作业情况、船舶作业环境及作业中涉及安全等事项交接清楚。

（10）远控操作室交接时，当班远控司机和接班远控司机要做好工号退出和工号登录工作。登录工号后，需重新进行船舶扫描，并在 GP 操作屏上操作输入作业贝位标定列位信息。

六、远控集装箱岸桥指挥手规范指挥语言

指挥手是协助桥吊司机对作业环境安全观察确认及统筹协调安全作业环境和指挥装卸工人安全作业的重要岗位人员，通俗理解就是桥吊司机的“眼睛”。远控作业中要高效发挥好“眼睛”的作用，指挥手需通过使用高频，用准确、有效的语言表达来实现。指挥手给桥吊司机提供的指挥口令需要做到“提前介入、有效引导、安全确认”，在桥吊司机看不到或看不清作业环境时，通过指挥手的高频语言，能使桥吊司机在脑海中快速构建起清晰的作业环境的画面感。

（1）具体列举桥吊作业中需要指挥手引导指挥下作业的箱型及场景。吊装货物种类包括舱板作业，大件货物、罐装箱、冷冻箱、危险品箱、特种箱等作业。作业场景包括盲位作业，进舱口，进夹槽口，高、低槽吊具靠高槽进低槽确认，单箱 20ft 舱内作业，装船锁销错位，锁销脱落，锁销错装锁孔，集卡车上锁销故障拆除安装困难，引关起

吊等。

（2）桥吊司机作业过程中遇到需要全程指挥的作业场景，指挥手必须做到一动作一指挥。

（3）桥吊司机与指挥手联络规范用语，应使用普通话，并按照规范用语在作业前相互进行沟通，交流彼此情况。例如，× 号桥吊指挥手、× 号桥吊司机、× 号桥吊指挥手听到、× 号桥吊明白。

（4）指挥手具体口令："上""下""慢速起升""减速起升""慢速下降""停""点动起升""点动下降""点动靠海侧""点动靠陆侧""靠住高槽""进入夹槽""调整倾转海、陆、左、右倾斜""锁销全部打开""着箱""锁销进了""锁销没进，偏左、偏右 × 厘米""锁销脱落""码头重新上锁""夹槽完好""夹槽破损""夹槽凹损""舱内距离底部 × 个箱高减速""舱板锁扣开，正常起吊""捆扎杆已解绑（清理）""关路灯塔注意安全""20ft 吊点起吊""切断电源""装钢丝绳""装锁"。

（5）重点列举几个关键作业场景下的指挥语言

表述及指挥场景描述。

在盲位作业时：

盲位作业装船进舱口时，桥吊司机将集装箱吊至盲位海侧一列舱口上方1m左右，指挥手发出指令。

①吊具或箱体下降到舱口1m左右时，指挥手指令："慢速下降。"

②吊具或箱子下降至高槽附近时，指挥手指令："靠住高槽。"

③靠住高槽时，指挥手指令："进入夹槽。"

④箱子与吊具整体入槽时，指挥手指令："下。"

⑤吊具或箱体离舱底3m左右时，指挥手指令："慢速下降。"

⑥慢速着箱进锁箱子装好或吊具着箱时，指挥手指令："锁销进了。"

⑦（开锁引关起升）吊具脱离时，指挥手指令："点动起升，慢速起刀，上。"

⑧离舱口3m减速时，指挥手指令："减速起升。"

⑨小车点动避开舱板钩绊时，指挥手指令："点动靠海侧或点动靠陆侧。"

在舱板作业时：

①开启舱板时，舱板锁扣打开，捆扎杆清理。桥吊司机指令："指挥手，舱板锁扣、捆扎杆有没有整理检查完毕？"指挥手指令："舱板锁扣开正常起吊，捆扎杆已清理。"

指挥吊具正确吊点着箱（舱板具备20ft吊点，必须20ft起吊）时，指挥手指令："锁销进了。"

慢速引关起吊时，指挥手指令："点动起升，慢速起升。"

发生钩绊时（捆扎杆钩绊、导向柱滑出、舱口安全护绳钩绊、相邻贝位45ft箱型钩绊等特殊情况），指挥手指令："停，桥吊司机停停停。"

舱内夹槽有情况时（如破损、折弯），桥吊司机指令："指挥手，舱内夹槽是否完好？"指挥手指令："夹槽完好，× 列夹槽破损，× 列夹槽凹损。"

②关路清空时，提示陆侧有无灯塔，码头指挥手指令："关路灯塔注意安全。"

③舱板就位时，码头指挥手指令："慢速下降，点动靠海侧，点动靠陆侧，舱板就位。"

④（引关起升）吊具脱离时，码头指挥手指令："点动起升，慢速起升，上。"

⑤关闭舱板时，确认吊点正确（20ft 吊点起吊），码头指挥手指令："锁销进了。"

可以起吊舱板、慢速引关起吊时，码头指挥手指令："点动起升，慢速起升。"

捆扎杆清理、舱板锁扣开启时，指挥手指令："桥吊司机可以关舱板。"

慢速抵进导向柱、导向柱入位时，指挥手指令："停，点动下降，慢速起升。"

⑥舱板落位时，指挥手指令："舱板锁扣正常。"

⑦（引关起升）吊具脱离时，指挥手指令："点动起升，上。"

在单箱（塞角箱）作业时：

① 20ft 单箱夹槽内运行，指挥手需协助桥吊司机确认集装箱与导槽贴合情况。指挥手指令：“慢速下降。”

②慢速下降，根据船舶海、陆两侧倾斜角度，指挥手指令：“桥吊司机海侧倾一点，桥吊司机陆侧倾一点，桥吊司机左倾一点，桥吊司机右倾一点。”

③指挥点动小车及时纠正箱体与夹槽保持垂直贴合夹槽壁时，指挥手指令：“点动靠海侧，点动靠陆侧。”

④接近塞角平台附近时，指挥手指令：“慢速下降，停，点动起升，点动下降，点动靠海侧，点动靠陆侧，左倾一点，右倾一点。”

⑤指挥桥吊司机吊箱落位时（根据实际作业环境，通过场景描述的指挥，为司机描述准确的作业环境），指挥手指令：“锁销进了。”

⑥箱子落位吊具起升时，指挥手指令：“点动起升，慢速起升。”

在超限箱作业时：

①超限框架箱作业时，码头指挥手指挥吊架连接。吊具着箱确认、闭锁确认时，码头指挥手指令："着箱。"

吊架移槽确认、吊架挂钩钩住确认时，码头指挥手指令："点动起升，停，点动靠海侧。"

引关确认吊架与基座脱离，码头指挥手指令："吊架钩挂住，慢速起升。"

船上指挥手指挥吊架与超限箱着箱确认、闭锁确认，指挥手指令："着箱，桥吊司机可以闭锁。"

引关起吊确认时，指挥手指令："点动起升，停，慢速起升。"

②超限箱钢丝绳作业时，码头指挥手指挥吊具下降至合适装锁具高度，码头指挥手指令："停，切断电源，装钢丝绳。"船上指挥手指挥吊具钢丝绳对准超限箱吊点附近，指挥手指令："慢速下降，点动下降，停，切断电源。"

确认钢丝绳锁具连接是否成功、保险扣是否到位时，指挥手指令："点动起升，停。"

指挥司机引关起吊离地30cm停顿，再次确认锁具及保险扣连接牢固时，指挥手指令："慢速起升，上。"

码头指挥手关注超限箱下落装车，当超限箱大件落到卡车平板上方1m左右、指挥大件准确平稳装车时，码头指挥手指令："慢速下降，点动下降。"

适度松弛钢丝绳，指挥吊具停在可解锁的高度时，码头指挥手指令："停。"

开锁完毕指挥吊具起升确认无钩带时，码头指挥手指令："慢速起升，上。"

指挥吊具下落至码头面适合解开钢丝绳的高度时，码头指挥手指令："减速起升，点动下降，停，切断电源。"

在人机混合操作时：

桥吊司机在操作前，需要指挥手给予司机以下信息和指挥：指挥手需告知码头单船指导员，桥吊司机需要人机混合作业的工作内容；指挥手告知司机参与人数及人员具体站位；人员走动必须告知司机具体站位；配合全过程，指挥手与副指挥手必须做到两两监护；做到一动作一指挥；指挥过程口令必须做到简洁、明确（具体速度、具体距离、具体方向）；发出指挥口令，同时告知司机指挥的意图；司机做好指挥口令复述后再操作。

后　记

我从一名普通的桥吊司机成长为全国劳模、大国工匠，从一名技校生成为如今的“新八级”首席技师，之所以能走上这条技能成才的道路，是因为党和国家为我们产业工人搭建了实现梦想的舞台，是浙江省海港集团、宁波舟山港集团坚持产业工人队伍建设改革，努力打造有理想守信念、懂技术会创新、敢担当讲奉献的高技能产业工人队伍，不断激发企业改革发展新动能生动实践的结果。作为新时代产业工人，我感到骄傲和自豪，同时也感到身上责任重大。

如今，全社会都在弘扬劳模精神、劳动精神和工匠精神，在全面建设社会主义现代化国家新征程上，产业工人技能报国的舞台会越来越广阔。身为一名港口产业工人，我将以“择一事终一生”的执着专注，“干一行钻一行”的精益求精，“偏毫厘不敢安”的一丝不苟，“千万锤成一器”的卓越追求，脚踏实地，用实际行动落实高质量发展要求。习近平总书记强调，“港口是基础性、枢纽性设施，是经济发展的重要支撑”，“要志在万里，努力打造世界一流的智慧港口、绿色港口”。目前，我们集团正在全力打造新发展格局下的“双循环”战略枢纽，加速向世界一流强港迈进。我和我的团队也在致力于智慧化、绿色化港口建设的研究。我们有信心，也有决心为加快建设“交通强国”“海洋强国”贡献智慧和力量。

最后，在远控集装箱岸桥操作法的编写过程中特别感谢创新工作室张跃、郑恒亮二位同事的技术指导。

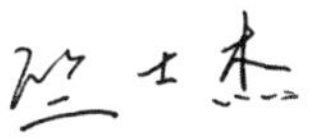

2023 年 7 月

图书在版编目（CIP）数据

竺士杰工作法：远控集装箱岸桥操作法 /竺士杰著. 一北京：中国工人出版社，2024.6

ISBN 978-7-5008-8273-2

Ⅰ. ①竺…　Ⅱ. ①竺…　Ⅲ. ①集装箱运输　Ⅳ. ①U169

中国国家版本馆CIP数据核字（2023）第183010号

竺士杰工作法：远控集装箱岸桥操作法

出 版 人　董　宽
责任编辑　孟　阳
责任校对　张　彦
责任印制　栾征宇
出版发行　中国工人出版社
地　　址　北京市东城区鼓楼外大街45号　邮编：100120
网　　址　http://www.wp-china.com
电　　话　（010）62005043（总编室）
　　　　　（010）62005039（印制管理中心）
　　　　　（010）62379038（职工教育编辑室）
发行热线　（010）82029051　62383056
经　　销　各地书店
印　　刷　北京市密东印刷有限公司
开　　本　787毫米×1092毫米　1/32
印　　张　3
字　　数　40千字
版　　次　2024年7月第1版　2024年7月第1次印刷
定　　价　28.00元

优秀技术工人百工百法丛书

第一辑　机械冶金建材卷

优秀技术工人百工百法丛书

第二辑　海员建设卷